CE LIVRE APPARTIENT À :

Publié en version originale par Centum en 2022 sous le titre *Annual 2023*.

Édité par Hachette Livre, 58 rue Jean Bleuzen 92178 Vanves Cedex.
Loi n° 49-956 du 16 juillet 1949 sur les publications destinées à la jeunesse.
Traduction : Adeline Michel Tran. Maquette : La boîte à Pidoux.

Dépôt légal : septembre 2023.
Achevé d'imprimer en septembre 2023 par Pollina en France. Édition 01.N°46997.

nickelodeon

PAW PATROL

LA PAT' PATROUILLE

L'ANNÉE 2024

HISTOIRES · ACTIVITÉS · INFOS

hachette
JEUNESSE

Table des matières

Bienvenue à la Grande Vallée...

... un endroit où Ryder et la Pat' Patrouille sont toujours prêts à sauver tous ceux qui ont besoin d'aide. Dans ce livre, tu trouveras des énigmes, des activités et des histoires avec, en vedette, tes chiots préférés ! Et n'oublie jamais : si tu as besoin d'aide, il suffit d'appeler la Pat' Patrouille !

En ROUTE !

Chase a été désigné pour une mission de la plus haute importance ! Aide-le à récupérer tous les cônes de signalisation sur le chemin qui le mène jusqu'à Ryder. Coche chaque case dès que tu récupères un cône.

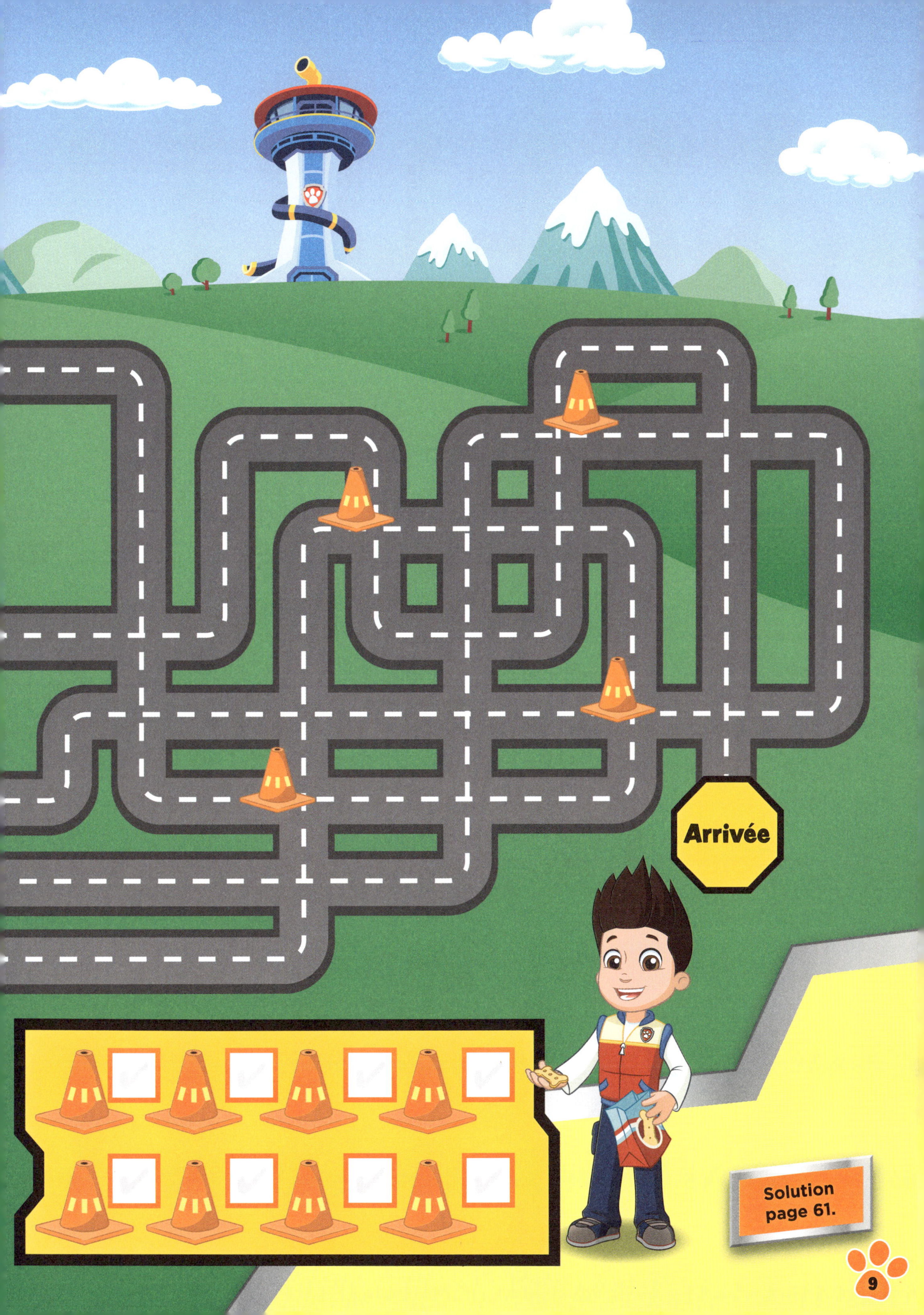

Solution page 61.

Sacré CHASE !

Chase, le chiot policier, renifle tous les dangers. Aide-toi du modèle pour le colorier.

Le sais-tu ?

Les poils de chats et les plumes font éternuer Chase !

Sur le COUP !

Es-tu aussi bon que Chase pour repérer les choses ? Regarde attentivement ces ombres : laquelle correspond à l'image de Chase ?

a

b

c

d

Solution page 61.

C'est L'AUTOMNE !

Rocky et Marcus adorent sauter dans les tas de feuilles ! Retrouve la place de chaque pièce dans ce puzzle.

c

b

a

Solution page 61.

LE JEU DE MEMORY de RYDER

Ryder a pris une photo des chiots sur sa tablette. Regarde attentivement cette image pendant une minute entière puis réponds aux questions qui se trouvent sur la page suivante.

Tu te souviens de tout ?
Lis chaque question et
coche « Vrai » ou « Faux ».

1 Il y a cinq chiots sur l'image.

Vrai ☐ Faux ☐

2 Chase est tout en haut de la pyramide des chiots.

Vrai ☐ Faux ☐

3 Les chiots portent leurs uniformes.

Vrai ☐ Faux ☐

4 L'un des chiots s'est endormi.

Vrai ☐ Faux ☐

5 Il n'y a qu'une fille parmi tous les chiots.

Vrai ☐ Faux ☐

Découvre les solutions page 61
pour vérifier tes réponses !

Labyrinthe de NEIGE

La montagne de Jake est l'endroit parfait pour faire du snowboard. Quel chemin doivent emprunter les chiots pour rejoindre Jake dans son chalet ?

Solution page 61.

Qui est QUI ?

Ryder joue à un jeu avec les chiots. Lis les indices puis relie chaque chiot à sa description.

1

a. J'adore faire des sauts périlleux arrière !

b. Le rose est ma couleur préférée.

c. Je sais voler grâce à mes ailes.

2

a. J'ai les yeux marron.

b. Les poils de chats me font éternuer. Atchoum !

c. Je suis un chiot berger allemand.

3

a. J'ai les yeux bleus.

b. Toujours prête qu'il gèle ou qu'il neige !

c. Je suis un Husky répondant toujours présent pour porter secours.

4

a. J'ai les yeux marron.

b. J'adore faire du skate !

c. Je mets toujours la gomme !

5

a. J'ai les yeux marron.

b. Mes poils sont gris.

c. Je suis un pro pour recycler et réparer.

6

a. J'adore faire des ploufs !

b. Sur mon badge, il y a une ancre.

c. Mes poils ont la couleur du chocolat !

Solutions page 61.

La Pat' Patrouille sauve un super-chien !

Les chiots regardent un de leurs dessins animés préférés à la télévision :
– J'adore Apollo, le super-chien ! s'exclame Ruben.

À ce moment-là, Ryder propose :
– Qui veut faire une partie de foot ?
– Non, merci ! répond Ruben. Je vais plutôt jouer à Ruben le super-chien et m'occuper de mon côté.

– À qui vais-je pouvoir porter secours ? se demande Ruben.
– Madame Yumi doit avoir besoin d'aide à la ferme, répond Ryder.
– Bonne idée ! lance Ruben, quittant aussitôt la Tour de Contrôle, direction la ferme.

– Mes poules ont quitté le poulailler ! dit la fermière Yumi. Il faut m'aider !
Ruben ramène alors les poules en sécurité dans leur poulailler.
– Super-chien s'en est chargé ! crie Ruben.

5

Ruben se demande alors ce qu'il pourrait faire d'autre pour aider.
– Madame Goodway aurait certainement besoin de ton aide, lui suggère la fermière.

6

7

– Ruben ! crie Madame Goodway. Le conducteur de train vient d'appeler. Il y a eu un éboulement. Son train est coincé dans un tunnel. Il faut appeler Ryder et la Pat' Patrouille !
Mais Ruben décide de se charger seul de cette mission.

Sur place, Ruben essaie de déplacer lui-même les rochers. Il pousse un bloc de toutes ses forces mais d'autres pierres tombent, bloquant à nouveau le tunnel. Ruben, le conducteur et le train sont piégés.
– Oups... dit Ruben.

— Je suis désolé, dit Ruben. Je pensais pouvoir y arriver. Je n'ai pas réussi à régler la situation, j'ai juste rendu les choses bien pire…

Ruben utilise alors son collier pour appeler Ryder :
— J'ai besoin que la Pat' Patrouille mette la gomme !
— On arrive ! répond Ryder.

10

Ryder, Zuma et Chase arrivent au tunnel. Zuma est aux commandes du véhicule de Ruben.
— Chase, essaie de voir si tu peux créer une sortie pour Ruben, lance Ryder.
Chase utilise alors son treuil pour créer un petit trou.

Chase déplace la plus grosse pierre qui bloquait l'entrée du tunnel. Puis Zuma utilise la pelleteuse de Ruben pour déplacer d'autres pierres. Ruben peut sortir !
– Merci, leur dit le chiot.

À bord de son engin, Ruben déplace les dernières pierres. Le conducteur peut ainsi faire sortir le train en toute sécurité.
– Tu as réussi, Ruben ! le félicite le chauffeur. Tu as sauvé cette journée !

– Euh... disons que la Pat' Patrouille m'a bien aidé ! répond Ruben.
– Tu as raison, répond le conducteur. Merci Ryder, merci la Pat' Patrouille !

De retour à la Tour de Contrôle, il est enfin temps de s'amuser un peu.
– Et si on faisait un petit match de catch ? propose Rocky.
– D'accord mais alors toute la Pat' Patrouille ensemble ! répond Ruben en souriant.

Sacrée STELLA !

Stella est un chien pilote très casse-cou. Colorie-la en utilisant tes plus beaux crayons.

Le sais-tu ?

Quand Stella ne vole pas dans les airs, elle adore dévaler les pentes enneigées sur son snowboard.

Un chien qui VOLE !

Sur cette page, tous ces animaux ont des ailes comme Stella. Mais un seul ne sait pas voler. Devine qui est-ce et entoure-le.

Papillon

Abeille

Pingouin

Mouette

Chouette

Solution page 61.

C'est la FÊTE !

Ryder
et les chiots
adorent faire
la fête !

1

Trouve les six différences
entre ces deux images.

Colorie un ballon à chaque
différence trouvée.

Solution page 61.

Prêts à L'Action !

Ryder et la Pat' Patrouille sont toujours prêts à partir en mission, petite ou grande ! Coche chaque case dès que tu aperçois Ryder et les chiots dans l'image.

Solution page 61.

Sacré RUBEN !

Mais que porte donc Ruben dans sa pelle aujourd'hui ? Dessine-le puis colorie l'image.

Le sais-tu ?

Cela ne dérange pas Ruben d'être sale : il adore les bains moussants !

Une PAUSE s'impose !

C'est l'heure de faire une pause au soleil pour Ruben ! Retrouve les deux seules images qui sont identiques.

Solution page 61.

Pup, Pup, BOOGIE

Stella veut jouer à son jeu préféré avec ses amis ! Mets un peu de musique et rejoins tes héros préférés dans une danse digne de la Pat' Patrouille. Lance un dé puis tente de faire le pas de danse du numéro sur lequel ton dé est tombé.

Ton matériel :

- Un dé
- Beaucoup d'espace, à l'intérieur ou à l'extérieur
- Quelque chose pour diffuser tes musiques préférées

1 Pattes en l'air !

Agite tes "pattes" en l'air comme Rocky !

2 Ça roule !

Mets-toi par terre et roule, roule, roule comme Marcus !

3 Remue la queue !

Bouge tes hanches d'un côté puis de l'autre.

4 Hop, saute !

Tiens-toi debout sur une seule jambe et fais-le saut du chiot !

5 Jusqu'aux étoiles !

Étire-toi au maximum pour attraper une étoile.

6 Freestyle !

Réalise un des mouvements cités précédemment

ou invente un pas de danse !

QUEL STYLE !

Les chiots sauvent le téléphérique !

Lis attentivement cette histoire. À chaque fois que tu vois une image, prononce bien fort le nom du personnage.

Personnages :

 Ryder

 Marcus

 Katie

 Cali

 Ruben

 et les chiots jouent au football à la Tour de Contrôle lorsqu'un appel retentit sur la tablette de . C'est Jake !

— Un télésiège du téléphérique vient de casser, dit-il à . Tout le monde est sauf mais  et  sont bloquées.

 rassemble aussitôt les chiots. C'est une mission pour la Pat' Patrouille ! Sur la pente de la montagne,  essaie de conduire son camion de pompiers mais le chemin est trop gelé.

— Dis à Jake que je vais bien ! crie . Mais  commence à avoir très froid.

 sait quoi faire. Il appelle  pour qu'il vienne l'aider.

Alors que  attend , il remarque qu'il manque une roue au télésiège. Ils doivent faire descendre  et  avant de pouvoir le réparer.

Très vite,  arrive sur place. Il commence à creuser dans la glace pour sculpter des gros carrés afin que  et  puissent descendre sur un escalier de neige géant.

— Merci de nous avoir secourues, dit . On commençait à geler !

Puis les chiots se mettent à réparer le télésiège. Ils le remettent rapidement en marche.  ronronne de bonheur.

 teste le télésiège jusqu'en haut de la montagne puis redescend sur son snowboard ! Enfin, tout le monde se retrouve et s'amuse à dévaler les pentes.

Quelle fantastique journée en montagne !

Fin

Sacré MARCUS !

Marcus est un dalmatien : il a donc beaucoup de tâches. Mais où sont-elles ? Dessine-les puis colorie-les dans les nuances que tu souhaites.

Le sais-tu ?

Marcus a toujours sur lui un kit de premiers secours si jamais il croise quelqu'un qui a un souci.

Prêt à PARTIR !

Marcus est toujours prêt pour un wouaf-wouaf sauvetage ! Relie les points pour voir apparaître en entier le camion de pompiers de Marcus.

Les badges des CHIOTS

Les chiots de la Pat' Patrouille portent tous leur badge avec une grande fierté. Retrouve le badge de chaque chiot en le reliant à l'image de son propriétaire.

Solution page 61.

À présent, réalise ton propre badge en dessinant la chose que tu adores faire le plus au monde !

Aide RYDER !

Ryder aime les jeux avec les lettres. Veux-tu l'aider ? Prononce les mots à haute voix.

CHIOT

CHAPEAU

CONFITURE

CHATON

ŒUF

BÛCHE

Regarde la grille qui apparaît sur l'ordinateur de Ryder. Les mots se lisent de haut en bas, de bas en haut, de gauche à droite ou de droite à gauche.

E	C	H	I	O	T
R	A	L	M	C	I
U	F	C	A	H	F
T	R	H	T	A	U
I	O	A	S	P	E
F	Z	T	H	E	O
N	I	O	O	A	E
O	P	N	L	U	R
C	E	H	C	U	B

Solution page 61.

Sacrée EVEREST !

Même en dehors des pistes, Everest est trop forte ! Colorie-la en utilisant le modèle pour t'aider.

Le sais-tu ?

Everest est celle qu'il faut appeler pour les secours en montagne !

C'est LOGIQUE !

Everest a une mission enneigée à te confier. Dessine l'image qui vient à la fin de chacune de ces suites logiques.

Solution page 61.

Les amis de la GRANDE VALLÉE

En plus de Ryder et les chiots de la Pat' Patrouille, on rencontre plein d'autres personnes à la Grande Vallée. Combien de visages familiers reconnais-tu ici ?

Katie

Katie est la meilleure amie de Ryder. Elle aide les animaux à rester beaux et en bonne santé dans son salon de toilettage.

Le sais-tu ?
Katie a une chatte mignonne mais un peu insolente appelée Cali.

Alex

Le petit Alex rêve de ressembler à Ryder lorsqu'il sera plus grand. Il a toujours des ennuis quand il conduit son tricycle !

Le sais-tu ?
Le grand-père d'Alex est monsieur Porter.

Madame Yumi

Cette sympathique fermière vit sur les hauteurs de la Grande Vallée. Elle y fait pousser des fruits, des légumes et s'occupe surtout des animaux de la ferme.

Le sais-tu ?
Madame Yumi est maître dans un art martial particulier, le chien-kido.

Capitaine Turbot

Capitaine Turbot est un pêcheur. Il passe la plupart de son temps sur l'eau, à bord de son bateau, *La Limande*. Il vit dans un phare sur l'île aux phoques.

Le sais-tu ?
Le nom du Capitaine Turbot vient d'un fameux poisson, le turbot.

Jake

Jake est un ranger qui vit dans un chalet en montagne. Il porte toujours secours à quiconque est coincé dans la neige avec l'aide de son chien des neiges, Everest.

Le sais-tu ?
Jake et Everest sont de très bons amis depuis qu'Everest a sauvé le ranger au pôle Sud.

Madame Goodway

Maire de la Grande Vallée, Madame Goodway, vit à l'Hôtel de Ville. Elle possède une poule, Galinetta, qui vit... dans son sac à main !

Le sais-tu ?
Madame Goodway a le vertige.

Monsieur Porter

Monsieur Porter s'occupe du restaurant et du marché de la Grande Vallée. Gentil, sage et bienveillant, il adore son petit-fils, Alex.

Le sais-tu ?
Le pauvre monsieur Porter a un jour été aspergé par un putois qui sentait très mauvais !

Maire Hellinger

Monsieur Hellinger est le maire de Foggy Bottom, la ville voisine de la Grande Vallée. Méchant et mesquin, il cause toujours des problèmes.

Le sais-tu ?
Le maire Hellinger n'aime pas vraiment les chiots, particulièrement ceux de la Pat' Patrouille.

La Pat' Patrouille et le monstre des neiges

Les chiots s'amusent à réaliser un bonhomme de neige à côté du chalet de Jake.
– J'adore cette journée ! s'écrie Ruben.

Soudain, Ryder reçoit un appel de Jake :
– Mauvaise nouvelle, dit Jake. Nous devons fermer la station.
La queue de Ruben s'arrête aussitôt de remuer.

– Des skieurs pensent avoir vu un monstre des neiges, explique Jake. Nous avons même trouvé des empreintes et Alex a pris la bête en vidéo.

Jake est inquiet pour la sécurité de tous :
– Si nous ne trouvons pas ce monstre, nous devrons fermer la station et toutes les pistes pour l'hiver et peut-être... pour toujours ! soupire-t-il.

5 – La Pat' Patrouille arrive
pour enquêter ! rassure Ryder.
Ruben se sent bien triste.

À la Tour de Contrôle, Ryder a un plan :
– Chase, j'ai besoin de ton flair et de ton filet pour attraper celui qui a laissé ces empreintes. Ruben, avec ton bulldozer, tu vas déblayer la neige.

Ryder, Chase et Ruben filent au chalet de Jake à la recherche du monstre. Et il ne leur faut pas longtemps pour trouver de nouvelles traces !

8

9

Soudain, ils entendent un drôle de bruit. Ruben et Chase sautent dans les bras de Ryder.
– Ce n'est pas un petit bruit qui va vous faire peur, leur dit Ryder.

Chase recommence à renifler lorsqu'il aperçoit le nez du monstre derrière Ryder. Il essaie de l'attraper avec son filet mais coince Ryder dedans à la place.
– Désolé, s'excuse-t-il.

10

Soudain, Bettina la vache, Garbi la chèvre et Galinetta la poule sortent du gros buisson, se tenant les unes sur les autres !

Les empreintes venaient en fait des bottes que porte Bettina et des pattes de Galinetta. Ce n'était donc pas un monstre des neiges !

– Ramenons ces petits monstres au chalet de Jake ! rit Ryder alors que Chase laisse échapper un énorme éternuement : ATCHOUM !

Bettina, Galinetta et Garbi se sont enfuies de la ferme et, se sentant effrayées, ont meuglé, bêlé et gloussé bruyamment.

Un peu plus tard, Ryder explique la vérité sur le monstre. Madame Goodway et Yumi sont heureuses de retrouver leurs animaux. Et Jake est aussi très content : la station va pouvoir ouvrir ses portes de nouveau !

Bien joué, la Pat' Patrouille !

Sacré ROCKY !

Pour jouer, Rocky est toujours sur le coup ! Colorie-le puis dessine des motifs sur son cerf-volant.

Le sais-tu ?

Si un objet est cassé, Rocky est le chiot idéal pour le réparer !

Recycle avec ROCKY !

Rocky est occupé à recycler,
transformant des objets trouvés
à la poubelle en de nouveaux objets.
Coche chaque vignette dès que tu
trouves un objet dans la grande image.

Solution page 61.

Une journée BIEN REMPLIE

Ryder et les chiots ont une journée bien remplie qui les attend. Trouve à quel moment de la journée correspond chaque action. Le matin, l'après-midi ou le soir ? Coche la bonne vignette.

Attention ! Tu dois parfois cocher plus d'une vignette !

Matin

Après-midi

Soir

1 On part en mission matinale !

2 C'est l'heure du dodo !

3 On se brosse les dents !

4 C'est l'heure du petit-déjeuner !

5 Vive l'histoire du soir !

6 On enfile ses habits !

Solutions page 61.

Sacré ZUMA !

Ce labrador chocolat adore l'eau. Colorie-le en utilisant le modèle. À vos marques, prêts, plongez !

Le sais-tu ?

Zuma peut aller sous l'eau grâce à son équipement de plongée sous-marine qui se trouve sur son aéroglisseur.

On PLONGE !

Zuma passe du bon temps sous l'eau ! Compte le nombre de poissons verts et de poissons jaunes puis écris le résultat dans les cases.

Solution page 61.

Une livraison en péril !

Lis attentivement cette histoire. À chaque fois que tu vois une image, prononce bien fort le nom du personnage.

Personnages :

M. Porter

Ryder

Chase

Zuma

La journée est très froide aujourd'hui. La Pat' Patrouille se tient prête à aider quiconque en aurait besoin.  s'occupe de faire des livraisons à bord de sa camionnette. Son premier arrêt a lieu à la Tour de Contrôle pour livrer quelques gourmandises aux chiots. Mais la route verglacée fait glisser les roues de la camionnette.

 conduit jusqu'à la Tour de Contrôle très doucement. Tout à coup, la camionnette commence à glisser en bas de la colline, vers la baie complètement gelée.

 appelle . La Pat' Patrouille se rassemble aussitôt.

— Nous devons arrêter la camionnette de  avant qu'elle ne tombe dans la glace, dit  aux chiots. , j'aurai besoin de toi pour dégager la camionnette. Je monterai avec  sur son aéroglisseur. Nous accrocherons le treuil de  à la camionnette. La Pat' Patrouille est prête pour un wouaf-wouaf sauvetage !

 commence à enrouler son treuil.  arrive pour l'aider mais la glace commence à craquer sous ses pieds. Il n'y a pas de temps à perdre.

 lance aussitôt une bouée de sauvetage et ramène  sain et sauf à bord de l'aéroglisseur.

— Direction, la terre… sèche ! lance  en souriant.

De son côté,  remorque la camionnette. Elle est en sécurité !

De retour à la Tour de Contrôle, tout le monde est confortablement installé et au sec !

— Merci à tous d'avoir sauvé ma camionnette ! dit .

— Et nos gourmandises qui étaient dedans aussi ! répond .

— Vous avez fait un beau travail, les amis ! félicite .

— Peut-être qu'il est temps de goûter les friandises de , répondent alors les chiots tous en chœur.

Cette journée leur a ouvert l'appétit ! Miam !

FIN

Sauvetage de DINOS

C'est l'heure d'un wouaf-wouaf sauvetage ! Aide Rex à sauver ses amis dinos d'un volcan en pleine éruption !

Comment jouer :

- Place tes pions sur la case **DÉPART**.
- À chaque tour, lance les dés et déplace-toi sur le plateau.
- Si tu atterris sur une case orange, suis les instructions.
- Le gagnant est le joueur qui arrive le premier sur la case **ARRIVÉE**.
- Le plus jeune joueur commence le jeu.

DÉPART

1

2

3

Matériel :

Un dé et un pion pour chaque joueur.

16

15

14
Prends un raccourci et file en case 20.

17

18

19
Rocky a dégagé le chemin. Avance d'1 case.

20

6
7
Le chemin est bloqué ! Fais un 6 pour continuer à avancer.
8
5
9
4
Rex fait la course à bord de son véhicule. Avance de 2 cases.
10
Un puissant T-Rex rugit. Vite, avance d'1 case.
11
13
12
ARRIVÉE
21
22
23
Arrête-toi pour nourrir un bébé dino. Passe 1 tour.

Sacré REX !

À la réserve des dinos, Rex est un très bon ami de tous les dinosaures. Ajoute-lui tes plus belles couleurs !

Le sais-tu ?

Rex se déplace à l'aide d'un déambulateur pour ses pattes inférieures. Rien ne peut le ralentir !

Jungle en DÉSORDRE

À la réserve des dinos, tout semble en désordre. Peux-tu aider Rex à trouver trois choses dans cette image qui ne devraient pas être là ?

Solution page 61.

Animaux PERDUS

Quelle confusion à la Grande Vallée ! Suis chaque chemin pour aider Ryder et ses amis à retrouver leurs animaux. Attention, une seule personne n'a pas d'animal, mais qui ?

Solution page 61.

Solutions

Pages 8-9 En route !

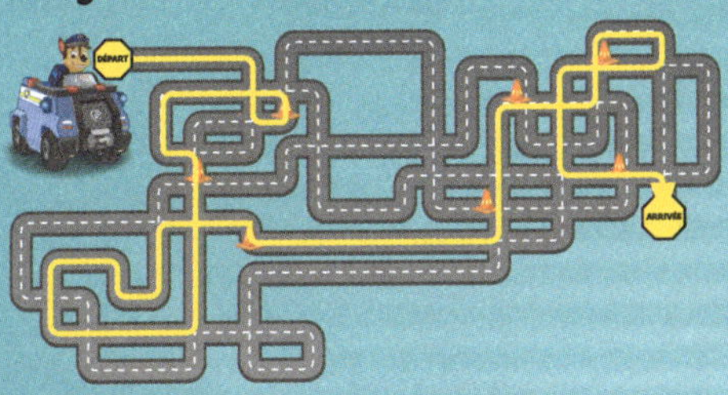

Page 11 Sur le coup !
La bonne ombre est la D.

Page 12 C'est l'automne !

Pages 13-14
Le jeu de memory de Ryder
1. Vrai
2. Faux. C'est Stella.
3. Vrai.
4. Faux. Les chiots sont tous réveillés.
5. Faux. Il y a deux filles : Stella et Everest.

Page 15
Labyrinthe de neige

Pages 16-17 Qui est qui ?
1. Stella
2. Chase
3. Everest
4. Ruben
5. Rocky
6. Zuma

Page 23 Un chien qui vole !
Le pingouin ne sait pas voler.

Pages 24-25 C'est la fête !

Pages 26-27 Prêts à l'action !

Page 29
Une pause s'impose !
Les deux images identiques sont la A et la E.

Pages 36-37
Les badges des chiots

Pages 38-39 Aide Ryder !

Page 41
C'est logique !

Page 49
Recycle avec Rocky

Pages 50-51
Une journée bien remplie
1. Le matin
2. Le soir
3. Le matin et le soir
4. Le matin
5. Le soir
6. Le matin

Page 53 On plonge !

Page 59 Jungle en désordre !

Page 60 Animaux perdus
• Galinetta appartient à Madame Goodway.
• Bettina appartient à Madame Yumi.
• Cali appartient à Katie.
• Ryder, lui, n'a pas d'animal.